めざせファンタジスタ!

FANTASISTA

発行・編集
公益財団法人 日本サッカー協会 技術委員会

JFAチャレンジゲーム
めざせ
ファンタジスタ!
FANTASISTA

CONTENTS

3 イントロダクション
4 この本の使い方
6 検定会にチャレンジしよう!

21 ボールフィーリング
リフトアップ
ジャグリング

43 フェイント&ターン
ターン
ストップ&スタート
フェイント

61 ボールフィーリング 手
キャッチボール
ドリブル
ジャグリング
股下動作

79 チャレンジの記録

DVDビデオを使用する前にお読みください。

DVDビデオは、映像と音声を高密度に記録したディスクです。DVDビデオ対応プレーヤーで再生してください。くわしい再生上の取り扱いについては、ご使用のプレーヤーの取扱説明書をご覧ください。

32min・COLOR・MPEG-2・片面 一層
複製不可・レンタル禁止
2 NTSC 4:3 DVD VIDEO

編集・発行
公益財団法人 日本サッカー協会 技術委員会

DVDビデオの取扱上のご注意

●このディスクにはコピーガード信号が入っています。そのためコピーすることはできません。
●ディスクは指紋、汚れ、キズなどをつけないようにお取扱ください。
●ディスクが汚れたときは、柔らかい布を軽く水で湿らせ、内周から外周に向かって放射線状に軽く拭き取ってください。レコード用クリーナーや薬剤などは使用しないでください。
●使用後は必ずプレーヤーから取り出し、専用ケースに収めてください。直射日光の当たる場所や高温、多湿の場所を避けて保管ください。
●ディスク上に重いものを置いたり落としたりすると、ひび割れしたりする原因になります。

イントロダクション

パーフェクトスキルをめざせ!
個人練習でテクニックをどんどん身につけよう!

世界のサッカーのスーパースター達は、例外なくすばらしいテクニックを持っています。選手一人ひとりのテクニックが完璧であることが、チームの勝利のベースになります。他のさまざまな要素を有効に発揮するためのベースなのです。

もちろん技は無限に自由で、これに限られたものではありません。また、技は技であって、試合でのパフォーマンスに関係がない、という人もいるかもしれません。得意技やレパートリーを増やすことももちろんですが、これらを練習し身につけていく過程で、「ボールを意のままに、自由自在に」扱うことができるようになっていくことがここでの目的です。ボールを本当に自由自在に扱うことができるようになったら、試合でも余裕をもってボールから顔が上り周りが観え、いろいろなアイディアが浮かび、そのアイディアを思ったとおりに実行できるようになるでしょう。

チームのトレーニングだけでは、時間やその他の都合で、一人ひとりが個人のストロングポイント、ウイークポイントに集中的に取り組むことは困難です。ボールを意のままに扱うことができるようになるためには、たくさんボールにさわることが重要です。ここでは、練習時間以外でも、自分ひとりでいつでもどこでも練習ができる種目を選びました。チームとして活用し、宿題の成果を次のトレーニングの際に確認することもできるし、もちろん個人で目標を持って取り組むこともできます。

この本の使い方

イラスト付きで一目でわかる種目解説
チェック欄を活用して確実にマスターしよう！

　自分の身体を自由自在に意のままに動かすための基礎づくりとして、そして、サッカーをよりしっかりとプレーするためには、バランスよくいろいろな運動能力を身につけることが大切です。本書は、個人でも十分にさまざまなテクニックをマスターできるように考えてつくられました。

　まず大きく、3つのカテゴリー**【ボールフィーリング】【フェイント&ター**

ボールフィーリング
フェイント&ターン
ボールフィーリング(手)
ボールフィーリング
01
難易度★☆☆☆☆
リフトアップ❶
足裏→同じ足のインステップ　左右
トライした日付
はじめて成功
だいたい成功
必ず成功
ボールを足裏で引いて、同じ足のインステップに乗せて上げる。
そのままジャグリングに続ける。左右とも行う。
CHECK POINT!
上げて3回ジャグリングでOK
01
02
03
04
成功の秘訣
足首をうまく使おう！
足裏で引く
インステップに乗せる
ジャグリングに続ける

ン】【ボールフィーリング 手】で構成されています。各カテゴリーはさらに項目ごとに整理され、種目は難易度順に並んでいます。

それぞれの種目はイラストを使って丁寧にわかりやすく解説されています。ポイントやアドバイスをヒントにチャレンジしてみましょう。また、付録のDVDで動きを見ることもできます。

はじめてできるようになったら、だいたい成功するようになったら、必ず成功するようになったら、それぞれチェック欄にチェックしながら、確実にできるように練習を進めましょう。

ツメ

3つのカテゴリーが一目でわかります。

通し番号

カテゴリーを通しての番号です。★印は難易度をあらわします。

解説

種目の具体的な説明

タイトル

種目のタイトル

日付記入欄

はじめて成功、だいたい成功、必ず成功それぞれできるようになった日付けを記入

CHECK POINT

気をつけたいポイントです。

成功の秘訣

成功するためのヒントやアドバイス

イラスト

イラストでよりわかりやすく解説

→ ボールの動きを示します。

→ 身体の動きを示します。

検定会にチャレンジしよう！

たくさん練習してテクニックをマスターしたら、
いよいよ腕試し！
きみもファンタジスタをめざせ！

JFAチャレンジゲーム『めざせファンタジスタ！』は個人で練習してテクニックを伸ばしていくことを目的としています。そして本書はJFA主催の検定会と連動して、その成果を実際に認定していくシステムになっています。

検定会は規定のステージ（**Stage**）に分かれています。3つのカテゴリー**【ボールフィーリング】【フェイント&ターン】【ボールフィーリング 手】**の中の種目の数や組み合わせで、ステージ7からステージ20までが設定されています。（ステージ1からステージ6までは、キッズ対象の『めざせクラッキ！』をベースボール・マガジン社サイト「SportsClick」http://www.sportsclick.jp/で購入し、ご家庭でトライできます。）

検定はステージごとに進行します。飛び級はありません。3つのカテゴリーの検定種目全ての合格が揃わないとそのステージから先には進めません。どのカテゴリーもステージごとにマスターしていくようにしましょう。

検定会の情報はホームページ《**http://www.jfa.jp/grass_roots/jfa_challengegame/**》でチェックしてください。できるだけ完璧にできるように練習していきましょう。合格したらステージの段階に応じて、JFA Dreamバッジを獲得できます。

次のページから、各ステージごと検定種目の説明をしていきます。カテゴリー内の組み合わせは各カテゴリーの配列表でも確認することができます。

●指導者の皆さまへ

ステージ7からステージ19までは、JFA公認D級コーチ以上のライセンスをお持ちの方が検定員となり、チームやグループで検定することができます。ステージ20はJFA主催となります。

Stage 07

ステージ7にチャレンジ!

ボールフィーリング	★☆☆☆☆ 01 リフトアップ❶	★☆☆☆☆ 17 ジャグリング❶
フェイント&ターン	★☆☆☆☆ 01 ターン❶	★☆☆☆☆ 17 フェイント❶
ボールフィーリング 手	★☆☆☆☆ 01 キャッチボール❶	★☆☆☆☆ 15 ドリブル❶

ボールフィーリング 01

リフトアップ❶ 難易度★☆☆☆☆

足裏→同じ足のインステップ 左右

ボールを足裏で引いて、同じ足のインステップに乗せて上げる。
そのままジャグリングに続ける。左右とも行う。

ボールフィーリング 17

ジャグリング❶ 難易度★☆☆☆☆

インステップ片足15回ずつ 左右

ボールを地面に置いて自由に上げてスタート。
片足のインステップで15回連続でジャグリングをする。左右とも行う。

フェイント&ターン 01

ターン❶ 難易度★☆☆☆☆

インサイドターン

ドリブルの往復。外側の足のインサイドで止め、反対方向へ方向転換。
ボールを足元でコントロールする。

フェイント&ターン 17

フェイント❶ 難易度★☆☆☆☆

シザース

相手(コーン)に向かってドリブルし、ボールを前方に動かしながらシザース(内側からまたぐ)。左右とも行う。

ボールフィーリング手 01

キャッチボール❶ 難易度★☆☆☆☆

両手下手投げ

両手で下から投げる。連続10往復

ボールフィーリング手 15

ドリブル❶ 難易度★☆☆☆☆

片手(利き手)ドリブル 20回

その場で片手(利き手)ドリブル。20回

Stage 08

ステージ8にチャレンジ!

ボールフィーリング
- ★ 02-04 リフトアップ❷-❹
- ★ 18-20 ジャグリング❷-❹

フェイント&ターン
- ★ 02 ターン❷
- ★ 18 フェイント❷

ボールフィーリング手
- ★ 02 キャッチボール❷
- ★ 16 ドリブル❷
- ★ 25 股下動作❶

ボールフィーリング 02 リフトアップ❷ 難易度 ★

足裏→同じ足のインサイド 左右

ボールを足裏で引いて、同じ足のインサイドに乗せて上げる。
そのままジャグリングに続ける。左右とも行う。

ボールフィーリング 03 リフトアップ❸ 難易度 ★

足裏→同じ足のアウトサイド 左右

ボールを足裏で引いて、同じ足のアウトサイドに乗せて上げる。
そのままジャグリングに続ける。左右とも行う。

ボールフィーリング 04 リフトアップ❹ 難易度 ★

両足ではさむ→ジャンプ前方

ボールを両足ではさみ、ジャンプして前方に上げる。ジャグリングに続ける。

ボールフィーリング 18 ジャグリング❷ 難易度 ★

インステップ両足交互20回

ボールを地面に置いて自由に上げてスタート。
インステップで左右交互に20回連続でジャグリングをする。

ボールフィーリング 19 ジャグリング❸ 難易度 ★

もも左右交互20回

ボールを地面に置いて自由に上げてスタート。
ももを使って左右交互に20回連続でジャグリングをする。

ボールフィーリング 20 ジャグリング❹ 難易度 ★

インサイド片足15回ずつ 左右

ボールを地面に置いて自由に上げてスタート。
片足のインサイドで15回連続でジャグリングをする。左右とも行う。

フェイント&ターン 02 ターン❷ 難易度 ★

アウトサイドターン

ドリブルの往復。内側の足のアウトサイドで止め、反対方向へ方向転換。
ボールを足元でコントロールする。

フェイント&ターン 18 フェイント❷ 難易度 ★

マシューズ

相手(コーン)に向かってドリブルし、外側の足を踏み込み、反対方向へ出る。
左右とも行う。

ボールフィーリング手 02 キャッチボール❷ 難易度 ★

両手上手投げ(スローイン)

両手で上から投げる。スローインを意識して投げる。連続10往復

ボールフィーリング手 16 ドリブル❷ 難易度 ★

片手(利き手)移動ドリブル

10m程度移動しながら片手(利き手)ドリブル。

ボールフィーリング手 25 股下動作❶ 難易度 ★

空中8の字回し10回(左回り・右回り)

股の間を8の字を描くようにボールを回す。左右10回ずつ

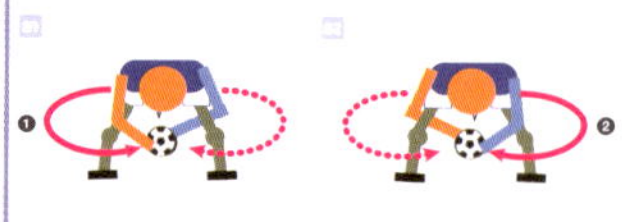

Stage 09

ステージ9にチャレンジ！

ボールフィーリング	★★ 05 リフトアップ❺	★★ 21 ジャグリング❺
フェイント&ターン	★ 09 ストップ&スタート❶	★ 19 フェイント❸
ボールフィーリング 手	★ 03 キャッチボール❸	★ 17 ドリブル❸

ボールフィーリング 05

リフトアップ❺ 難易度 ★★

足裏→逆の足のインステップ 左右

ボールを足裏で引いて、反対の足のインステップに乗せて上げる。そのままジャグリングに続ける。左右とも行う。

ボールフィーリング 21

ジャグリング❺ 難易度 ★★

インサイド左右交互20回

ボールを地面に置いて自由に上げてスタート。
インサイドで左右交互に20回連続でジャグリングをする。

フェイント&ターン 09

ストップ&スタート❶ 難易度 ★

ステップオン

足裏でボールを止めボールを跳び越し、逆の足のアウトサイドで反対方向に出る。左右とも行う。

フェイント&ターン 19

フェイント❸ 難易度 ★

ステップオーバー

相手（コーン）に向かってドリブルし、ボールを前方に動かしながらステップオーバー（外側からまたぐ）。左右とも行う。

ボールフィーリング手 03

キャッチボール❸ 難易度 ★

チェストパス

チェストパス。腕はしっかり伸ばす。連続10往復

ボールフィーリング手 17

ドリブル❸ 難易度 ★

片手（苦手）ドリブル 20回

その場で片手（苦手）ドリブル。20回

Stage 10

ステージ10にチャレンジ！

ボールフィーリング
★★ 06-08 リフトアップ❻-❽から1種目
★★ 22-24 ジャグリング❻-❽から1種目

フェイント&ターン
★ 03 ターン❸
★ 10 ストップ&スタート❷

ボールフィーリング 手
★ 04 キャッチボール❹
★ 05 キャッチボール❺
★ 06 キャッチボール❻
★ 18 ドリブル❹

ボールフィーリング
06 リフトアップ❻　難易度★★
両足のインサイドではじき上げ
ボールを両足の間に置き、両足のインサイドではさむようにして、ボールをはじき上げる。そのままジャグリングに続ける。

ボールフィーリング
07 リフトアップ❼　難易度★★
両足ではさんで片足を上げ、身体をひねる 左右
両足でボールをはさみ、片足を上げてボールを立ち足に沿わせて上げる。上ったボールを身体を反転させて、足（どちらでもよい）で拾い、ジャグリングに続ける。左右とも行う。

ボールフィーリング
08 リフトアップ❽　難易度★★
足裏→同じ足インステップ→ひざでたたきつけ 左右
ボールを足裏で引いて、同じ足のインステップに乗せて上げ、さらにそれを同じ側のひざで地面にたたきつけ、上ったボールをそのままジャグリングに続ける。左右とも行う。

06 07 08 から1種目

ボールフィーリング
22 ジャグリング❻　難易度★★
アウトサイド片足15回ずつ　左右
ボールを地面に置いて自由に上げてスタート。片足のアウトサイドで15回連続でジャグリングをする。左右とも行う。

ボールフィーリング
23 ジャグリング❼　難易度★★
ヘディング20回
ボールを地面に置いて自由に上げてスタート。ヘディングで20回連続でジャグリングをする。

ボールフィーリング
24 ジャグリング❽　難易度★★
片足インステップ足付けなし15回ずつ 左右
ボールを地面に置いて自由に上げてスタート。片足のインステップで15回連続でジャグリングをする。1回ごとに蹴り足を地面につけず、浮かせたまま連続して行う。左右とも行う。

22 23 24 から1種目

フェイント&ターン
03 ターン❸　難易度★
クライフターン
ドリブルの往復。インサイドで立ち足の後ろを通して方向転換。
逆の足のアウトサイドでボールを押し出す。

フェイント&ターン
10 ストップ&スタート❷　難易度★
プルプッシュ
ボールを足裏で引き、そのまま同じ足で押し出し進む。左右とも行う。

ボールフィーリング手
04 キャッチボール❹　難易度★
片手（利き手）下手投げ
片手（利き手）で下から投げる。連続10往復

ボールフィーリング手
05 キャッチボール❺　難易度★
片手（利き手）上手投げ
片手（利き手）で上から投げる。連続10往復

ボールフィーリング手
06 キャッチボール❻　難易度★
片手（利き手）フック投げ
片手で肘を伸ばしたまま投げる。連続10往復

ボールフィーリング手
18 ドリブル❹　難易度★
片手（苦手）移動ドリブル
10m程度移動しながら片手（苦手）ドリブル。

Stage 11

ステージ11にチャレンジ！

ボールフィーリング	★★ 06−08 リフトアップ❻-❽の残りの種目から1種目	★★ 22−24 ジャグリング❻-❽の残りの種目から1種目	
フェイント&ターン	★ 04 ターン❹	★ 11 ストップ&スタート❸	
ボールフィーリング 手	★ 07 キャッチボール❼	★ 19 ドリブル❺	★ 26 股下動作❷

06 07 08 の残りの種目から1種目（ステージ10参照）

22 23 24 の残りの種目から1種目（ステージ10参照）

フェイント&ターン 04

ターン❹ 難易度★☆☆☆☆

コンティ

ドリブルの往復。足裏でボールを止め、身体を180度回転させ、U字型に方向転換。

フェイント&ターン 11

ストップ&スタート❸ 難易度★☆☆☆☆

ステップキック

ドリブルで進み、ボールを足裏で止めつつ、反対の足のつま先で蹴り出し進む。
左右とも行う。

ボールフィーリング手 07

キャッチボール❼ 難易度★☆☆☆☆

片手（苦手）下手投げ

片手（苦手）で下から投げる。連続10往復

ボールフィーリング手 19

ドリブル❺ 難易度★☆☆☆☆

左右ドリブル 合計20回

その場で左右交互にドリブル。20回

ボールフィーリング手 26

股下動作❷ 難易度★☆☆☆☆

バウンドボール・手前後替え6回

バウンドさせたボールを前後の手を入れ替えてキャッチする。
連続6回

Stage 12

ステージ12にチャレンジ！

ボールフィーリング	★★ 06–08 リフトアップ❻-❽の残りの1種目	★★ 22–24 ジャグリング❻-❽の残りの1種目
フェイント&ターン	★★ 05 ターン❺	★★ 12 ストップ&スタート❹
ボールフィーリング 手	★ 08 キャッチボール❽	★ 20 ドリブル❻

06 07 08 の残りの1種目（ステージ10参照）

22 23 24 の残りの1種目（ステージ10参照）

フェイント&ターン 05　ターン❺　難易度 ★★☆☆☆

スラップカット

ドリブルで往復。インサイドで蹴るフェイクで足裏でボールをこするようにタッチしつつボールをロールし、アウトサイドで止めて方向転換。

フェイント&ターン 12　ストップ&スタート❹　難易度 ★★☆☆☆

ロコモーション

ドリブルで進み、ボールをストップするかのようにホップして足を振り、ボールにタッチせずにそのまま最初の方向に進む。左右とも行う。

ボールフィーリング手 08　キャッチボール❽　難易度 ★☆☆☆☆

バウンドボール360度回転後キャッチ（左回り・右回り）

バウンドさせたボールを360度回転してからキャッチ。左回り・右回り両方行う。

ボールフィーリング手 20　ドリブル❻　難易度 ★☆☆☆☆

左右移動ドリブル

10m程度移動しながら左右交互にドリブル。

Stage 13 ステージ13にチャレンジ！

ボールフィーリング	★★★ 09 リフトアップ❾	★★★ 25 ジャグリング❾	
フェイント&ターン	★★ 06 ターン❻	★★ 07 ターン❼	★★ 13 ストップ&スタート❺
ボールフィーリング 手	★ 27 股下動作❸		

ボールフィーリング 09 リフトアップ❾ 難易度 ★★★

クロスした足のヒール→逆足でインステップ 左右

ボールの後ろに立ち、片足を前に出してヒールで立ち足のインステップ（インフロントでも可）に当てて上げ、上ったボールをジャグリングに続ける。左右とも行う。

ボールフィーリング 25 ジャグリング❾ 難易度 ★★★

アウトサイド交互10回

ボールを地面に置いて自由に上げてスタート。
アウトサイドで左右交互に10回連続でジャグリングをする。

フェイント&ターン 06 ターン❻ 難易度 ★★

インサイド270度ターン

インサイドターンの発展。インサイドでターンしつつ、相手からボールをシールドしながら270度回転して出る。左右とも行う。

フェイント&ターン 07 ターン❼ 難易度 ★★

アウトサイド270度ターン

アウトサイドターンの発展。アウトサイドでターンしつつ、相手からボールをシールドしながら270度回転して出る。左右とも行う。

フェイント&ターン 13 ストップ&スタート❺ 難易度 ★★

マルセイユルーレット（ジダン）

前進しながら、足裏で交互にさわりつつ360度回転する。左右両回りとも行う。

ボールフィーリング手 27 股下動作❸ 難易度 ★

バウンドボール・両手前後替え 6回

バウンドさせたボールを両手とも前後を入れ替えてキャッチする。連続6回

Stage 14 ステージ14にチャレンジ！

ボールフィーリング

★★★
10−12 リフトアップ⑩-⑫から1種目

★★★
26−28 ジャグリング⑩-⑫から1種目

フェイント&ターン

★★
08 ターン⑧

★★
14 ストップ&スタート⑥

ボールフィーリング 手

★★
09−10 キャッチボール⑨-⑩

★★
21 ドリブル⑦ 23 ジャグリング① 28 股下動作④から1種目

ボールフィーリング 10 リフトアップ⑩ 難易度★★★

両足ではさんで片足を上げ、ソールでたたきつける 左右

両足でボールをはさみ、片足を上げて浮かしたボールを同じ足のソールで地面にたたきつけ、上ったボールをジャグリングに続ける。左右とも行う。

ボールフィーリング 11 リフトアップ⑪ 難易度★★★

インステップでしゃくって上げる 左右

地面に置いたボールを、片足のインステップでしゃくり上げ、そのままジャグリングに続ける。左右とも行う。

ボールフィーリング 12 リフトアップ⑫ 難易度★★★

ヒールリフト 左右

身体の後ろからボールを足の裏で前方に転がし、それを同じ足のかかとでふさぐようにしてかかとに当て、ボールをはね上げる。そのままジャグリングに続ける。左右とも行う。

10 11 12 から1種目

ボールフィーリング 26 ジャグリング⑩ 難易度★★★

両肩左右交互10回

ボールを地面に置いて自由に上げてスタート。
肩で左右交互に10回連続でジャグリングをする。

ボールフィーリング 27 ジャグリング⑪ 難易度★★★

つま先左右交互10回

ボールを地面に置いて自由に上げてスタート。
つま先で左右交互に10回連続でジャグリングをする。

ボールフィーリング 28 ジャグリング⑫ 難易度★★★

ショートバウンドリフティング20回

ボールを地面に置いて自由に上げてスタート。
毎回ボールを地面に弾ませ、ショートバウンドでリフティングを20回連続で行う。

26 27 28 から1種目

フェイント&ターン 08 ターン⑧ 難易度★★

プルプッシュビハインド

足裏で止め、ボールを引いて、インサイドで立ち足の後ろを通して方向転換。逆の足のアウトサイドでボールを押し出す。左右とも行う。

フェイント&ターン 14 ストップ&スタート⑥ 難易度★★

スピン

ドリブルで進み、インサイドで止めるようにステップを踏み、ボールにさわらずにボールを回り込み同じ方向に進む。左右とも行う。

ボールフィーリング手 09 キャッチボール⑨ 難易度★★

片手（苦手）上手投げ

片手（苦手）で上から投げる。連続10往復

ボールフィーリング手 10 キャッチボール⑩ 難易度★★

片手（苦手）フック投げ

片手（苦手）で肘を伸ばしたまま投げる。連続10往復

21 23 28 から1種目（ステージ15参照）

Stage 15 ステージ15にチャレンジ！

ボールフィーリング	★★★ 10-12 リフトアップ⓾-⓬の残りの種目から1種目	★★★ 26-28 ジャグリング⓾-⓬の残りの2種目
フェイント&ターン	★★ 15 ストップ&スタート❼ ★ 20 フェイント❹	★ 21 フェイント❺
ボールフィーリング 手	★★ 11-13 キャッチボール⓫-⓭から1種目	★★ 21.23.28 の残りの種目から1種目

10 11 12 の残りの種目から1種目（ステージ14参照）

26 27 28 の残りの2種目（ステージ14参照）

フェイント&ターン **15** ストップ&スタート❼ 難易度 ★★

フェイクインサイドターン

ドリブルで進み、インサイドターンをするふりをして腰をひねり、ボールにタッチせず、それをフェイクにしてそのまま進む。左右とも行う。

フェイント&ターン **20** フェイント❹ 難易度 ★

シミー

片側に出るふりをして腰をひねり、反対方向に出る。左右とも行う。

フェイント&ターン **21** フェイント❺ 難易度 ★

キックフェイント

キックフェイントして、同じ足のアウトサイドで出る。左右とも行う。

ボールフィーリング **11** キャッチボール⓫ 難易度 ★★

前面トス・背面キャッチ　背面トス・前面キャッチ

前面からトスを上げて、背面でキャッチ。続けて背面からトスを上げて、前面でキャッチ。続けて行う。

ボールフィーリング手 **12** キャッチボール⓬ 難易度 ★★

ジャンプキャッチ　両足・片足（左右）

トスを高く上げて、両足でジャンプしてキャッチ。続けて片足ジャンプ。左右両方行う。

ボールフィーリング手 **13** キャッチボール⓭ 難易度 ★★

投げ上げ360度回転後キャッチ（左回り・右回り）

トスを高く上げて、360度回転してからキャッチ。左回り・右回り両方行う。

11 12 13 から1種目

ボールフィーリング **21** ドリブル❼ 難易度 ★★

両手ボール2個同時ドリブル 10回

ボールを2個使って両手で同時にドリブル。10回連続してできたら合格。

ボールフィーリング **23** ジャグリング❶ 難易度 ★★

ボール2個（左回り・右回り）5回

ボール2個を両手を使って回す。
左回り・右回り、それぞれ5回連続してできたら合格。

ボールフィーリング手 **28** 股下動作❹ 難易度 ★★

空中・手前後替え 6回

手で持ったボールを前後の手を入れ替えて、地面に着かない内にキャッチする。
連続6回

21 23 28 の残りの種目から1種目

Stage 16

ステージ16にチャレンジ！

ボールフィーリング	★★★ 10−12 リフトアップ⑩-⑫の残りの1種目　★★★★ 29−32 ジャグリング⑬-⑯から2種目
フェイント&ターン	★★ 16 ストップ&スタート⑧　★★ 22 フェイント⑥　★★ 23 フェイント⑦
ボールフィーリング 手	★★ 11−13 の残りの種目から1種目

10 11 12 の残りの1種目（ステージ14参照）

ボールフィーリング 29　ジャグリング⑬　難易度★★★★

ヒール片足10回ずつ　左右

ボールを地面に置いて自由に上げてスタート。
片足のヒール（かかと）で10回連続でジャグリングをする。左右とも行う。

ボールフィーリング 30　ジャグリング⑭　難易度★★★★

ステイ（インステップ・インサイド・アウトサイド）各2回 左右

ボールを地面に置いて自由に上げてスタート。
フリーのジャグリングからそれぞれの部位でステイさせ、ジャグリングに続ける。各2回。左右とも行う。

ボールフィーリング 31　ジャグリング⑮　難易度★★★★

クロス→インステップ3回　左右

ボールを地面に置いて自由に上げてスタート。
フリーのジャグリングから、足をクロスさせて立ち足の後ろからボールを蹴り上げ、インステップのジャグリングに続ける。3回。左右とも行う。

ボールフィーリング 32　ジャグリング⑯　難易度★★★★

シザース外回し・内回し各2回　左右

ボールを地面に置いて自由に上げてスタート。
フリーのジャグリングから、足を外回し／内回し、ジャグリングに続ける。各2回。左右とも行う。

29 30 31 32 から2種目

フェイント&ターン 16　ストップ&スタート⑧　難易度★★

ダブルタッチ

ドリブルで進み、インサイドターンをし、すばやく反対の足でもう一度インサイドターン。元の方向へ進む。左右とも行う。

フェイント&ターン 22　フェイント⑥　難易度★★

ステップオーバープルスルー

ステップオーバーをし、立ち足のインサイドで後ろからボールを出す。またいだ足のアウトサイドで出る。左右とも行う。

フェイント&ターン 23　フェイント⑦　難易度★★

スラップステップオーバー

足裏で外から中へ転がす。逆足でステップオーバー。同じ足のアウトで出る。左右とも行う。

11 12 13 の残りの種目から1種目（ステージ15参照）

Stage 17

ステージ17にチャレンジ！

ボールフィーリング	★★★★☆ 13 リフトアップ⓭	★★★★☆ 29－32 ジャグリング⓭-⓰の残りの2種目	
フェイント&ターン	★★☆☆☆ 24 フェイント❽	★★☆☆☆ 25フェイント❾	★★☆☆☆ 26 フェイント❿
ボールフィーリング 手	★★☆☆☆ 11－13 の残りの1種目	★★☆☆☆ 21.23.28 の残りの1種目	

ボールフィーリング 13 リフトアップ⓭

難易度 ★★★★☆

両足ではさんで片足を上げ、インステップでたたきつけ 左右

両足でボールをはさみ、片足を上げて浮かしたボールを同じ足のインステップで地面にたたきつけ、上ったボールをそのままジャグリングに続ける。左右とも行う。

29 30 31 32

の残りの2種目（ステージ16参照）

フェイント&ターン 24 フェイント❽

難易度 ★★☆☆☆

インアウト

片足のインサイドでボールを運び、ホップして（立ち足を踏みかえて）同じ足のアウトサイドに持ち替えて押し出す。左右とも行う。

フェイント&ターン 25 フェイント❾

難易度 ★★☆☆☆

フェイクインサイド

片足のインサイドでボールを運び、ホップして同じ足のアウトサイドで出るふりをして、それをフェイクにして反対の足で反対方向へ。左右とも行う。

フェイント&ターン 26 フェイント❿

難易度 ★★☆☆☆

ロナウジーニョ

片足のアウトサイドでボールを運びそのまますばやくインサイドに持ち替え反対の足のアウトサイドで出る。左右とも行う。

11 12 13

の残りの1種目（ステージ15参照）

21 23 28

の残りの1種目（ステージ15参照）

Stage 18

ステージ18にチャレンジ！

ボールフィーリング	★★★★☆ 14−16 リフトアップ⑭-⑯から1種目　★★★★★ 33−35 ジャグリング⑰-⑲から2種目
フェイント&ターン	連続技 ターン ▸▸ ストップ&スタート ▸▸ フェイント
ボールフィーリング 手	★★★☆☆ 14 キャッチボール⑭ 22 ドリブル⑧ 24 ジャグリング❷ 29 股下動作❺から1種目

14 リフトアップ

ボールフィーリング　リフトアップ⑭　難易度 ★★★★☆

両足ではさんでジャンプして後方にさらにヒールで上げる。
そのままジャグリングに続ける。

15 クロスした後ろ足のインステップでしゃくり、前の足で上げる

ボールフィーリング　リフトアップ⑮　難易度 ★★★★☆

足をクロスさせて後ろ足のインステップでしゃくり上げ、それを前の足で拾ってジャグリングに続ける。

16 チップキック→逆足ヒール

ボールフィーリング　リフトアップ⑯　難易度 ★★★★☆

足の振り出しと同時に軽くジャンプしながら、チップキックでボール下をキックで浮かし、前に上げた足のかかとに当て、地面にたたき上ったボールをジャグリングに続ける。

14 15 16 から1種目

33 キャッチ（インステップ・インサイド・アウトサイド）各2回 左右

ボールフィーリング　ジャグリング⑰　難易度 ★★★★★

ボールを地面に置いて自由に上げてスタート。
フリーのジャグリングからそれぞれの部位でキャッチし、静止させてからジャグリングに続ける。各2回。左右とも行う。

34 キャッチ（ヘディング・ももと胸の間・もも裏）各1回

ボールフィーリング　ジャグリング⑱　難易度 ★★★★★

ボールを地面に置いて自由に上げてスタート。
フリーのジャグリングからそれぞれの部位でキャッチし、静止させてからジャグリングに続ける。各1回。左右とも行う。

35 キャッチ（胸・背・肩と顔の間）各1回

ボールフィーリング　ジャグリング⑲　難易度 ★★★★★

ボールを地面に置いて自由に上げてスタート。
フリーのジャグリングからそれぞれの部位でキャッチし、静止させてからジャグリングに続ける。各1回。

33 34 35 から2種目

14 股下投げ上げキャッチ

ボールフィーリング手　キャッチボール⑭　難易度 ★★★☆☆

股下からボールを投げ上げ、前面でキャッチ。
身体の向きを変えずにその場でパーフェクトにキャッチできたら合格

22 ボール2個左右交互ドリブル 10回

ボールフィーリング手　ドリブル❽　難易度 ★★☆☆☆

ボールを2個使って両手で左右交互にドリブル。10回連続してできたら合格。

24 ボール2個 交互投げ上げ 10回

ボールフィーリング手　ジャグリング❷　難易度 ★★★☆☆

ボール2個を使って交互に投げ上げてキャッチする。10回連続してできたら合格。

29 空中・両手前後替え 6回

ボールフィーリング手　股下動作❺　難易度 ★★★☆☆

手で持ったボールを両手とも前後を入れ替えて、地面に着かない内にキャッチする。
連続6回

14 22 24 29 から1種目

Stage 19

ステージ19にチャレンジ！

ボールフィーリング	★★★★ 14－16 リフトアップ ⑭-⑯の残りの種目から1種目　★★★★★ 33－35 ジャグリング ⑰-⑲の残りの1種目
フェイント&ターン	連続技 ターン ▸▸ ストップ&スタート ▸▸ フェイント ▸▸ ターン ▸▸ フェイント
ボールフィーリング 手	★★★ 14.22.24.29 の残りの種目から1種目

14 15 16 の残りの種目から1種目（**ステージ18参照**）

33 34 35 の残りの1種目（**ステージ18参照**）

14 22 24 29 の残りの種目から1種目（**ステージ18参照**）

Stage 20 ステージ20にチャレンジ！

ボールフィーリング	★★★★ 14−16 リフトアップ⓮-⓰の残りの1種目　★★★★★ 36 ジャグリング⓴
フェイント&ターン	連続技 ターン ›› ストップ&スタート ›› ターン ›› ターン ›› ストップ&スタート ›› フェイント
ボールフィーリング 手	★★★ 14,22,24,29 の残りの2種目

14 15 16 の残りの1種目（ステージ18参照）

ボールフィーリング **36** ジャグリング⓴　難易度 ★★★★★

連続：インステップ2回→インサイド2回→アウトサイド2回→もも2回→頭1回→肩1回→頭1回→胸1回→インステップ2回　3周

ボールを地面に置いて自由に上げてスタート。
❶から❽の順にジャグリングを3周続ける。

14 22 24 29 の残りの2種目（ステージ18参照）

BallFeeling

ボールフィーリング

ボールフィーリングは、「**リフトアップ**」「**ジャグリング**」の2グループで構成されます。

種目の順番は、ステージの進行には関係ありません。全部で36種目、好きなものからチャレンジしてください。

「**リフトアップ**」は手を使わずにボールを地面から持ち上げる方法です（16種目）。「**ジャグリング**」はボールを落さないように連続してつく方法です（20種目）。「**ジャグリング**」には、「**キャッチ**」や「**ステイ**」が含まれます。「**キャッチ**」は、ボールを身体の各部に乗せて静止させるテクニックです。「**ステイ**」は、地面に置いたままの足でボールをバウンドさせるテクニックです。

各種目に記されている★印は、難易度を目安として示したものです。やりやすいものからチャレンジしてみましょう。そして、レパートリーをどんどん増やしていきましょう！

Stage Line up ステージの配列

ボールフィーリングでは「**リフトアップ**」「**ジャグリング**」の組み合わせで各ステージをクリアしていきます。

Stage 07	★☆☆☆☆ 01 リフトアップ❶	★☆☆☆☆ 17 ジャグリング❶
Stage 08	★☆☆☆☆ 02−04 リフトアップ❷-❹	★☆☆☆☆ 18−20 ジャグリング❷-❹
Stage 09	★★☆☆☆ 05 リフトアップ❺	★★☆☆☆ 21 ジャグリング❺
Stage 10	★★☆☆☆ 06−08 リフトアップ❻-❽から1種目	★★☆☆☆ 22−24 ジャグリング❻-❽から1種目
Stage 11	★★☆☆☆ 06−08 リフトアップ❻-❽の残りの種目から1種目	★★☆☆☆ 22−24 ジャグリング❻-❽の残りの種目から1種目
Stage 12	★★☆☆☆ 06−08 リフトアップ❻-❽の残りの1種目	★★☆☆☆ 22−24 ジャグリング❻-❽の残りの1種目
Stage 13	★★★☆☆ 09 リフトアップ❾	★★★☆☆ 25 ジャグリング❾
Stage 14	★★★☆☆ 10−12 リフトアップ❿-⓬から1種目	★★★☆☆ 26−28 ジャグリング❿-⓬から1種目
Stage 15	★★★☆☆ 10−12 リフトアップ❿-⓬の残りの種目から1種目	★★★☆☆ 26−28 ジャグリング❿-⓬の残りの2種目
Stage 16	★★★☆☆ 10−12 リフトアップ❿-⓬の残りの1種目	★★★★☆ 29−32 ジャグリング⓭-⓰から2種目
Stage 17	★★★★☆ 13 リフトアップ⓭	★★★★☆ 29−32 ジャグリング⓭-⓰の残りの2種目
Stage 18	★★★★☆ 14−16 リフトアップ⓮-⓰から1種目	★★★★★ 33−35 ジャグリング⓱-⓳から2種目
Stage 19	★★★★☆ 14−16 リフトアップ⓮-⓰の残りの種目から1種目	★★★★★ 33−35 ジャグリング⓱-⓳の残りの1種目
Stage 20	★★★★☆ 14−16 リフトアップ⓮-⓰の残りの1種目	★★★★★ 36 ジャグリング⓴

Check List チェックリスト

ボールフィーリングの各種目をクリアしたらチェックしよう。
「**リフトアップ**」「**ジャグリング**」は順番通りではなくてもOK。得意な種目からやってみよう。

	Check		Check		Check
01 ★ リフトアップ❶	☐	**13** ★★★★ リフトアップ⓭	☐	**25** ★★★ ジャグリング❾	☐
02 ★ リフトアップ❷	☐	**14** ★★★★ リフトアップ⓮	☐	**26** ★★★ ジャグリング❿	☐
03 ★ リフトアップ❸	☐	**15** ★★★★ リフトアップ⓯	☐	**27** ★★★ ジャグリング⓫	☐
04 ★ リフトアップ❹	☐	**16** ★★★★ リフトアップ⓰	☐	**28** ★★★ ジャグリング⓬	☐
05 ★★ リフトアップ❺	☐	**17** ★ ジャグリング❶	☐	**29** ★★★★ ジャグリング⓭	☐
06 ★★ リフトアップ❻	☐	**18** ★ ジャグリング❷	☐	**30** ★★★★ ジャグリング⓮	☐
07 ★★ リフトアップ❼	☐	**19** ★ ジャグリング❸	☐	**31** ★★★★ ジャグリング⓯	☐
08 ★★ リフトアップ❽	☐	**20** ★ ジャグリング❹	☐	**32** ★★★★ ジャグリング⓰	☐
09 ★★★ リフトアップ❾	☐	**21** ★★ ジャグリング❺	☐	**33** ★★★★★ ジャグリング⓱	☐
10 ★★★ リフトアップ❿	☐	**22** ★★ ジャグリング❻	☐	**34** ★★★★★ ジャグリング⓲	☐
11 ★★★ リフトアップ⓫	☐	**23** ★★ ジャグリング❼	☐	**35** ★★★★★ ジャグリング⓳	☐
12 ★★★ リフトアップ⓬	☐	**24** ★★ ジャグリング❽	☐	**36** ★★★★★ ジャグリング⓴	☐

ボールフィーリング

01 リフトアップ❶

足裏→同じ足のインステップ　左右

難易度★☆☆☆☆

ボールを足裏で引いて、同じ足のインステップに乗せて上げる。
そのままジャグリングに続ける。左右とも行う。

	トライした日付
□ はじめて成功	
□ だいたい成功	
□ 必ず成功	

CHECK POINT!
上げて3回ジャグリングでOK

01
02
03
04
成功の秘訣
足首をうまく使おう！

足裏で引く　インステップに乗せる　ジャグリングに続ける

ボールフィーリング

02 リフトアップ❷

足裏→同じ足のインサイド　左右

難易度★☆☆☆☆

ボールを足裏で引いて、同じ足のインサイドに乗せて上げる。
そのままジャグリングに続ける。左右とも行う。

	トライした日付
□ はじめて成功	
□ だいたい成功	
□ 必ず成功	

CHECK POINT!
上げて3回ジャグリングでOK

01
02
03
04
成功の秘訣
インサイドを縦にするとやりやすいよ！

足裏で引く　インサイドに乗せる　ジャグリングに続ける

ボールフィーリング

03

難易度★☆☆☆☆

リフトアップ❸

足裏→同じ足のアウトサイド　左右

ボールを足裏で引いて、同じ足のアウトサイドに乗せて上げる。そのままジャグリングに続ける。左右とも行う。

	トライした日付
□ はじめて成功	
□ だいたい成功	
□ 必ず成功	

CHECK POINT!
上げて3回ジャグリングでOK

01
02
03
04
成功の秘訣
自分にボールが近づきすぎると難しいよ。

足裏で引く　アウトサイドに乗せる　ジャグリングに続ける

ボールフィーリング

04

難易度★☆☆☆☆

リフトアップ❹

両足ではさむ→ジャンプ前方

ボールを両足ではさみ、ジャンプして前方に上げる。ジャグリングに続ける。

	トライした日付
□ はじめて成功	
□ だいたい成功	
□ 必ず成功	

CHECK POINT!
上げて3回ジャグリングでOK

01
02
03
04
成功の秘訣
ボールを離すタイミングを考えよう！

両足でボールをはさむ　ジャンプ!　前方にボールを上げる　ジャグリングに続ける

ボールフィーリング

05

難易度★★☆☆☆

リフトアップ❺

足裏→逆の足のインステップ 左右

ボールを足裏で引いて、反対の足のインステップに乗せて上げる。そのままジャグリングに続ける。左右とも行う。

	トライした日付
□ はじめて成功	
□ だいたい成功	
□ 必ず成功	

CHECK POINT!
上げて3回ジャグリングでOK

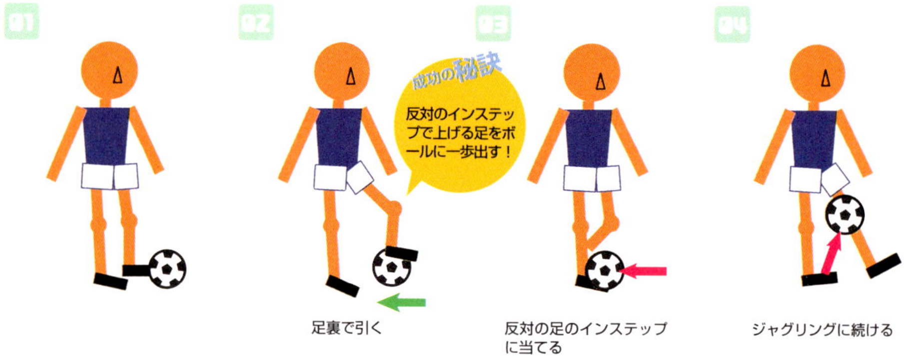
01
02
成功の秘訣
反対のインステップで上げる足をボールに一歩出す！
足裏で引く
03
反対の足のインステップに当てる
04
ジャグリングに続ける

ボールフィーリング

06

難易度★★☆☆☆

リフトアップ❻

両足のインサイドではじき上げ

ボールを両足の間に置き、両足のインサイドではさむようにして、ボールをはじき上げる。そのままジャグリングに続ける。

	トライした日付
□ はじめて成功	
□ だいたい成功	
□ 必ず成功	

CHECK POINT!
上げて3回ジャグリングでOK

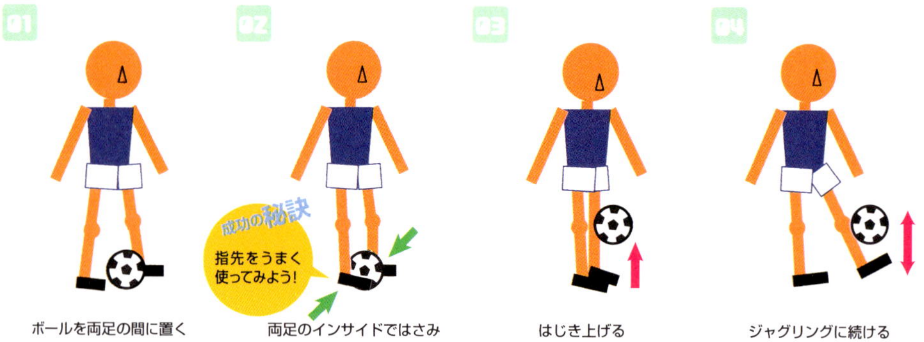
01
ボールを両足の間に置く
02
成功の秘訣
指先をうまく使ってみよう!
両足のインサイドではさみ
03
はじき上げる
04
ジャグリングに続ける

ボールフィーリング 07
難易度 ★★☆☆☆

リフトアップ❼
両足ではさんで片足を上げ、身体をひねる 左右

☐ はじめて成功
☐ だいたい成功
☐ 必ず成功

トライした日付

両足でボールをはさみ、片足を上げてボールを立ち足に沿わせて上げる。上ったボールを身体を反転させて、足（どちらでもよい）で拾い、ジャグリングに続ける。左右とも行う。

CHECK POINT!
上げて3回ジャグリングでOK

成功の秘訣　軸足をうまく回転させよう！

01
02 足に沿わせて上げる
03 身体を反転させて上ったボールを拾う
04 ジャグリングに続ける

ボールフィーリング 08
難易度 ★★☆☆☆

リフトアップ❽
足裏→同じ足インステップ→ひざでたたきつけ 左右

☐ はじめて成功
☐ だいたい成功
☐ 必ず成功

トライした日付

ボールを足裏で引いて、同じ足のインステップに乗せて上げ、さらにそれを同じ側のひざで地面にたたきつけ、上ったボールをそのままジャグリングに続ける。左右とも行う。

CHECK POINT!
上げて3回ジャグリングでOK

成功の秘訣　インステップでボールを上げる時に、ひざを曲げながら上げよう！

01
02 足裏で引く
03 インステップに乗せる
04 上ったボールをひざで地面にたたきつけてはずませる
05 ジャグリングに続ける

ボールフィーリング

09

難易度★★★☆☆

リフトアップ❾

クロスした足のヒール→逆足でインステップ　左右

ボールの後ろに立ち、片足を前に出してヒールで立ち足のインステップ（インフロントでも可）に当てて上げ、上ったボールをジャグリングに続ける。左右とも行う。

トライした日付

- □ はじめて成功
- □ だいたい成功
- □ 必ず成功

CHECK POINT!
上げて3回ジャグリングでOK

01
02
03
04
成功の秘訣
ヒールで蹴った足が地面につくと同時に逆の足を上げよう！

前足のヒールで

逆足に当てる

ジャグリングに続ける

ボールフィーリング

10

難易度★★★☆☆

リフトアップ❿

両足ではさんで片足を上げ、ソールでたたきつける　左右

両足でボールをはさみ、片足を上げて浮かしたボールを同じ足のソールで地面にたたきつけ、上ったボールをジャグリングに続ける。左右とも行う。

トライした日付

- □ はじめて成功
- □ だいたい成功
- □ 必ず成功

CHECK POINT!
上げて3回ジャグリングでOK

足に沿わせて上げる

上ったボールをソールで地面にたたきつけてはずませる

ジャグリングに続ける

ボールフィーリング
11

難易度★★★☆☆

リフトアップ⑪
インステップでしゃくって上げる 左右

トライした日付

- [ ] はじめて成功
- [ ] だいたい成功
- [ ] 必ず成功

地面に置いたボールを、片足のインステップでしゃくり上げ、そのままジャグリングに続ける。左右とも行う。

CHECK POINT!
上げて3回ジャグリングでOK

しゃくって上げる

ジャグリングに続ける

ボールフィーリング
12

難易度★★★☆☆

リフトアップ⑫
ヒールリフト 左右

トライした日付

- [ ] はじめて成功
- [ ] だいたい成功
- [ ] 必ず成功

身体の後ろからボールを足の裏で前方に転がし、それを同じ足のかかとでふさぐようにしてかかとに当て、ボールをはね上げる。そのままジャグリングに続ける。左右とも行う。

CHECK POINT!
上げて3回ジャグリングでOK

01
02
03
04
成功の秘訣
ボールを回転させて、地面につく足をしっかり踏み込む！

ボールの上に足を乗せてスタート

足をそのまま前につくことでボールを回転させ、ついた足のヒールに当てる

はね上げる

ジャグリングに続ける

ボールフィーリング

13

難易度★★★★☆

リフトアップ⑬

両足ではさんで片足を上げ、インステップでたたきつけ 左右

両足でボールをはさみ、片足を上げて浮かしたボールを同じ足のインステップで地面にたたきつけ、上ったボールをそのままジャグリングに続ける。左右とも行う。

トライした日付

- ☐ はじめて成功
- ☐ だいたい成功
- ☐ 必ず成功

CHECK POINT!
上げて3回ジャグリングでOK

01
02
03
04
成功の秘訣
ひざを曲げながらボールを上げるとやりやすいよ!

足に沿わせて上げる

上ったボールをインステップで地面にたたきつけてはずませる

ボールフィーリング

14

難易度★★★★☆

リフトアップ⑭

両足ではさんでジャンプして、ヒールで上げる

両足ではさんでジャンプして後方にさらにヒールで上げる。そのままジャグリングに続ける。

トライした日付

- ☐ はじめて成功
- ☐ だいたい成功
- ☐ 必ず成功

CHECK POINT!
上げて3回ジャグリングでOK

01
02
03
04
成功の秘訣
ボールを離すタイミングに注意しよう!

ジャンプ!

さらにはね上げる

ジャグリングに続ける

ボールフィーリング 15

難易度 ★★★★☆

リフトアップ ⓯
クロスした後ろ足のインステップでしゃくり、前の足で上げる

足をクロスさせて後ろ足のインステップでしゃくり上げ、それを前の足で拾ってジャグリングに続ける。

トライした日付
☐ はじめて成功
☐ だいたい成功
☐ 必ず成功

CHECK POINT!
上げて3回ジャグリングでOK

01
02 足をクロス
03 後ろの足でしゃくり上げる
04 ジャグリングに続ける

成功の秘訣：しゃくり上げるときに軸足をケンケンする！

ボールフィーリング 16

難易度 ★★★★☆

リフトアップ ⓰
チップキック→逆足ヒール

足の振り出しと同時に軽くジャンプしながら、チップキックでボール下をキックで浮かし、前に上げた足のかかとに当て、地面にたたきつけ、上ったボールをジャグリングに続ける。

トライした日付
☐ はじめて成功
☐ だいたい成功
☐ 必ず成功

CHECK POINT!
上げて3回ジャグリングでOK

01
02 上の足を振り上げると同時に軽くジャンプして下の足でチップキック。上の足のかかとに当てる
03 はずんだボールでジャグリング
04 ジャグリングに続ける

成功の秘訣：ジャンプをする時にボールを蹴る足を振り上げてみよう！

| ボールフィーリング | フェイント＆ターン | ボールフィーリング 手 |

ボールフィーリング 17
難易度 ★☆☆☆☆

ジャグリング❶
インステップ片足15回ずつ 左右

ボールを地面に置いて自由に上げてスタート。
片足のインステップで15回連続でジャグリングをする。
左右とも行う。

トライした日付
☐ はじめて成功
☐ だいたい成功
☐ 必ず成功

CHECK POINT!
ボールを回転させないようにやってみよう
毎回ひざの高さ以上に上げよう

成功の秘訣
ボールの高さに注意！ひざが伸びているとやりにくいよ！

ボールフィーリング 18
難易度 ★☆☆☆☆

ジャグリング❷
インステップ両足交互20回

ボールを地面に置いて自由に上げてスタート。
インステップで左右交互に20回連続でジャグリングをする。

トライした日付
☐ はじめて成功
☐ だいたい成功
☐ 必ず成功

CHECK POINT!
ボールを回転させないようにやってみよう
毎回ひざの高さ以上に上げよう

成功の秘訣
ひざが伸びているとやりにくいよ！

19 ジャグリング❸
もも左右交互20回

難易度 ★☆☆☆☆

ボールを地面に置いて自由に上げてスタート。
ももを使って左右交互に20回連続でジャグリングをする。

トライした日付
- [ ] はじめて成功
- [ ] だいたい成功
- [ ] 必ず成功

CHECK POINT!
ボールを回転させないようにやってみよう

成功の秘訣
ももの前方に当てるとボールがうまく上がるよ！

---

20 ジャグリング❹
インサイド片足15回ずつ 左右

難易度 ★☆☆☆☆

ボールを地面に置いて自由に上げてスタート。
片足のインサイドで15回連続でジャグリングをする。
左右とも行う。

トライした日付
- [ ] はじめて成功
- [ ] だいたい成功
- [ ] 必ず成功

CHECK POINT!
ボールを回転させないようにやってみよう
毎回ひざの高さ以上に上げよう

成功の秘訣
インサイドで当てる時に自分の方にかかとが向くようにするとやりやすいよ！

ボールフィーリング
21
難易度★★☆☆☆

ジャグリング❺
インサイド左右交互20回

トライした日付
- はじめて成功
- だいたい成功
- 必ず成功

ボールを地面に置いて自由に上げてスタート。
インサイドで左右交互に20回連続でジャグリングをする。

CHECK POINT!
ボールを回転させないようにやってみよう
毎回ひざの高さ以上に上げよう

成功の秘訣
交互に足の裏を見せあうようにする！

ボールフィーリング
22
難易度★★☆☆☆

ジャグリング❻
アウトサイド片足15回ずつ　左右

トライした日付
- はじめて成功
- だいたい成功
- 必ず成功

ボールを地面に置いて自由に上げてスタート。
片足のアウトサイドで15回連続でジャグリングをする。
左右とも行う。

CHECK POINT!
ボールを回転させないようにやってみよう
毎回ひざの高さ以上に上げよう

成功の秘訣
ボールと自分の距離が近いとやりにくいよ！

ボールフィーリング

23

難易度★★☆☆☆

ジャグリング❼

ヘディング20回

トライした日付

- [ ] はじめて成功
- [ ] だいたい成功
- [ ] 必ず成功

ボールを地面に置いて自由に上げてスタート。
ヘディングで20回連続でジャグリングをする。

CHECK POINT!
ボールを回転させないようにやってみよう

ボールフィーリング

24

難易度★★☆☆☆

ジャグリング❽

片足インステップ足付けなし15回ずつ左右

トライした日付

- [ ] はじめて成功
- [ ] だいたい成功
- [ ] 必ず成功

ボールを地面に置いて自由に上げてスタート。
片足のインステップで15回連続でジャグリングをする。1回ごとに蹴り足を地面につけず、浮かせたまま連続して行う。左右とも行う。

CHECK POINT!
ボールを回転させないようにやってみよう
毎回ひざの高さ以上に上げよう

成功の秘訣
軸足のひざをうまく曲げながらリズムをとろう！

ボールフィーリング

25

難易度★★★☆☆

ジャグリング❾

アウトサイド交互10回

トライした日付

- □ はじめて成功
- □ だいたい成功
- □ 必ず成功

ボールを地面に置いて自由に上げてスタート。
アウトサイドで左右交互に10回連続でジャグリングをする。

CHECK POINT!
ボールを回転させないようにやってみよう
毎回ひざの高さ以上に上げよう

成功の秘訣
くるぶしの下にボールが当たると正確に上がるよ！

ボールフィーリング

26

難易度★★★☆☆

ジャグリング❿

両肩左右交互10回

トライした日付

- □ はじめて成功
- □ だいたい成功
- □ 必ず成功

ボールを地面に置いて自由に上げてスタート。
肩で左右交互に10回連続でジャグリングをする。

CHECK POINT!
ボールを回転させないようにやってみよう

成功の秘訣
肩を上げるタイミングをつかもう！

ボールフィーリング
27
難易度★★★☆☆

ジャグリング⑪
つま先左右交互10回

トライした日付

□ はじめて成功	
□ だいたい成功	
□ 必ず成功	

ボールを地面に置いて自由に上げてスタート。
つま先で左右交互に10回連続でジャグリングをする。

CHECK POINT!
ボールを回転させないようにやってみよう
毎回ひざの高さ以上に上げよう

成功の秘訣
低い位置でボールを当てると難しいよ！

ボールフィーリング
28
難易度★★★☆☆

ジャグリング⑫
ショートバウンドリフティング20回

トライした日付

□ はじめて成功	
□ だいたい成功	
□ 必ず成功	

ボールを地面に置いて自由に上げてスタート。
毎回ボールを地面に弾ませ、ショートバウンドでリフティングを20回連続で行う。

CHECK POINT!
ボールを回転させないようにやってみよう
毎回ひざの高さ以上に上げよう

成功の秘訣
ボールが上がってくるところをやさしく当ててみよう!

ボールフィーリング

29

難易度★★★★☆

ジャグリング⑬

ヒール片足10回ずつ 左右

トライした日付	
□ はじめて成功	
□ だいたい成功	
□ 必ず成功	

CHECK POINT!
ボールを回転させないようにやってみよう
毎回ひざの高さ以上に上げよう

ボールを地面に置いて自由に上げてスタート。
片足のヒール（かかと）で10回連続でジャグリングをする。
左右とも行う。

ボールフィーリング

30

難易度★★★★☆

ジャグリング⑭

ステイ（インステップ・インサイド・アウトサイド）各2回 左右

トライした日付	
□ はじめて成功	
□ だいたい成功	
□ 必ず成功	

CHECK POINT!
ボールを回転させないようにやってみよう
毎回ひざの高さ以上に上げよう

ステイとは、足を地面に置いて固定し、ボールを弾ませることである。
ボールを地面に置いて自由に上げてスタート。
フリーのジャグリングから以下のそれぞれの部位でステイさせ、ジャグリングに続ける。各2回。左右とも行う。

01
成功の秘訣
ボールに回転をかけ、地面に足をつくときに体重を乗せよう！
02
成功の秘訣
インサイドを縦にして、自分の方にかかとが向くようにする！
03
成功の秘訣
地面につく足のひざをしっかり曲げて足をつくタイミングをはかる！

インステップ　　インサイド　　アウトサイド

ボールフィーリング
31
難易度★★★★☆

ジャグリング⑮
クロス→インステップ3回　左右

トライした日付
- はじめて成功
- だいたい成功
- 必ず成功

ボールを地面に置いて自由に上げてスタート。
フリーのジャグリングから、足をクロスさせて立ち足の後ろからボールを蹴り上げ、インステップのジャグリングに続ける。3回。
左右とも行う。

CHECK POINT!
ボールを回転させないようにやってみよう
毎回ひざの高さ以上に上げよう

01
成功の秘訣
軸足となるひざの真後ろに蹴る足が出るようにするとよい！

02

ボールフィーリング
32
難易度★★★★☆

ジャグリング⑯
シザース外回し・内回し各2回　左右

トライした日付
- はじめて成功
- だいたい成功
- 必ず成功

ボールを地面に置いて自由に上げてスタート。
フリーのジャグリングから、足を外回し／内回し、ジャグリングに続ける。各2回。左右とも行う。

CHECK POINT!
ボールを回転させないようにやってみよう
毎回ひざの高さ以上に上げよう

ボールフィーリング

33

難易度★★★★★

ジャグリング⑰

キャッチ（インステップ・インサイド・アウトサイド）各2回 左右

トライした日付

- [ ] はじめて成功
- [ ] だいたい成功
- [ ] 必ず成功

キャッチとは、ボールが弾まないように受け止めることである。
ボールを地面に置いて自由に上げてスタート。
フリーのジャグリングから以下のそれぞれの部位でキャッチし、静止させてからジャグリングに続ける。各2回。左右とも行う。

CHECK POINT!
ボールが弾まないように正確に受け止めよう

01
成功の秘訣
足首を伸ばすようにして、指の曲がるところで止めるように意識しよう！
インステップ
02
成功の秘訣
インサイドを縦にして、自分の方にかかとが向くようにする！
インサイド
03
成功の秘訣
くるぶしより少し前で止めるとよい！
アウトサイド

ボールフィーリング

34

難易度★★★★★

ジャグリング⑱

キャッチ（ヘディング・ももと胸の間・もも裏）各1回

トライした日付

- [ ] はじめて成功
- [ ] だいたい成功
- [ ] 必ず成功

ボールを地面に置いて自由に上げてスタート。
フリーのジャグリングから以下のそれぞれの部位でキャッチし、静止させてからジャグリングに続ける。各1回。左右とも行う。

CHECK POINT!
ボールが弾まないように正確に受け止めよう

ひざをうまく使って、クッションにしよう！

はさむ足の上がりが低いと難しいよ！

かかとと、もも裏ではさむようにしてみよう！

ボールフィーリング

35

難易度★★★★★

ジャグリング⑲

キャッチ（胸・背・肩と顔の間）各1回

	トライした日付
□ はじめて成功	
□ だいたい成功	
□ 必ず成功	

ボールを地面に置いて自由に上げてスタート。
フリーのジャグリングから以下のそれぞれの部位でキャッチし、静止させてからジャグリングに続ける。各1回。

CHECK POINT!
ボールが弾まないように正確に受け止めよう

01

成功の秘訣
鎖骨の下のへこみに乗せるとうまく止まるよ！

胸

02

成功の秘訣
腕を曲げて肩甲骨をくっつけてみよう！

背

03

成功の秘訣
腕を上げ、平行にして乗せよう！

肩と顔の間

MEMO

ボールフィーリング
36
難易度★★★★★

ジャグリング⑳
連続：インステップ2回→インサイド2回→アウトサイド2回→もも2回→頭1回→肩1回→頭1回→胸1回→インステップ2回　3周

ボールを地面に置いて自由に上げてスタート。
❶から❽の順にジャグリングを3周続ける。

成功の秘訣
自分のリズムを持つこと！

CHECK POINT!
ボールを回転させないようにやってみよう
毎回ひざの高さ以上に上げよう

インステップ 2回

インサイド 2回

アウトサイド 2回

成功の秘訣
アウトサイドからももへの移動に注意！

もも 2回

ヘディング 1回

肩 1回

ヘディング 1回

成功の秘訣
ヘディングから胸への移動に注意！

胸 1回
①のインステップに戻る

	トライした日付
☐ はじめて成功	
☐ だいたい成功	
☐ 必ず成功	

Feint & Turn

フェイント&ターン

フェイント&ターンは、「**ターン**」「**ストップ&スタート**」「**フェイント**」の3グループで構成されます。

種目の順番は、ステージの進行には関係ありません。全部で26種目、好きなものからチャレンジしてください。

「**ターン**」は、同じ方向に身体を開いて往復し、両方の足で行います。「**ストップ&スタート**」「**フェイント**」も、両足とも行います。

評価基準は、スムースな足の運び、持ち上げる足の高さ(なるべく低く)、次のプレーに移れるところにボールを置くこと、の3点です。

各種目に記されている★印は、難易度を目安として示したものです。好きなものからチャレンジしてください。

Stage Line up ステージの配列

フェイント&ターンは、「**ターン**」「**ストップ&スタート**」「**フェイント**」の3つの種目の組み合わせで各ステージをクリアしていきます。**Stage18-20**は同じグループの種目であれば種目の組み合わせは自由です。

Stage 07	★ 01 ターン❶ インサイドターン	★ 17 フェイント❶ シザース	
Stage 08	★ 02 ターン❷ アウトサイドターン	★ 18 フェイント❷ マシューズ	
Stage 09	★ 09 ストップ&スタート❶ ステップオン	★ 19 フェイント❸ ステップオーバー	
Stage 10	★ 03 ターン❸ クライフターン	★ 10 ストップ&スタート❷ プルプッシュ	
Stage 11	★ 04 ターン❹ コンティ	★ 11 ストップ&スタート❸ ステップキック	
Stage 12	★★ 05 ターン❺ スラップカット	★★ 12 ストップ&スタート❹ ロコモーション	
Stage 13	★★ 06 ターン❻ インサイド270度ターン	★★ 07 ターン❼ アウトサイド270度ターン	★★ 13 ストップ&スタート❺ マルセイユルーレット
Stage 14	★★ 08 ターン❽ プルプッシュビハインド	★★ 14 ストップ&スタート❻ スピン	
Stage 15	★★ 15 ストップ&スタート❼ フェイクインサイドターン	★ 20 フェイント❹ シミー	★ 21 フェイント❺ キックフェイント
Stage 16	★★ 16 ストップ&スタート❽ ダブルタッチ	★★ 22 フェイント❻ ステップオーバープルスルー	★★ 23 フェイント❼ スラップステップオーバー
Stage 17	★★ 24 フェイント❽ インアウト	★★ 25 フェイント❾ フェイクインサイド	★★ 26 フェイント❿ ロナウジーニョ
Stage 18	連続技 ターン ▸▸ ストップ&スタート ▸▸ フェイント		
Stage 19	連続技 ターン ▸▸ ストップ&スタート ▸▸ フェイント ▸▸ ターン ▸▸ フェイント		
Stage 20	連続技 ターン ▸▸ ストップ&スタート ▸▸ ターン ▸▸ ターン ▸▸ ストップ&スタート ▸▸ フェイント		

Check List チェックリスト

フェイント&ターンの各種目をクリアしたらチェックしよう。
「**ターン**」「**ストップ&スタート**」「**フェイント**」は順番通りではなくてもOK。得意な種目からやってみよう。

No.	種目	Check
01	ターン❶ ★ **インサイドターン**	
02	ターン❷ ★ **アウトサイドターン**	
03	ターン❸ ★ **クライフターン**	
04	ターン❹ ★ **コンティ**	
05	ターン❺ ★★ **スラップカット**	
06	ターン❻ ★★ **インサイド270度ターン**	
07	ターン❼ ★★ **アウトサイド270度ターン**	
08	ターン❽ ★★ **プルプッシュビハインド**	
09	ストップ&スタート❶ ★ **ステップオン**	
10	ストップ&スタート❷ ★ **プルプッシュ**	
11	ストップ&スタート❸ ★ **ステップキック**	
12	ストップ&スタート❹ ★★ **ロコモーション**	
13	ストップ&スタート❺ ★★ **マルセイユルーレット**	
14	ストップ&スタート❻ ★★ **スピン**	
15	ストップ&スタート❼ ★★ **フェイクインサイドターン**	
16	ストップ&スタート❽ ★★ **ダブルタッチ**	
17	フェイント❶ ★ **シザース**	
18	フェイント❷ ★ **マシューズ**	
19	フェイント❸ ★ **ステップオーバー**	
20	フェイント❹ ★ **シミー**	
21	フェイント❺ ★ **キックフェイント**	
22	フェイント❻ ★★ **ステップオーバープルスルー**	
23	フェイント❼ ★★ **スラップステップオーバー**	
24	フェイント❽ ★★ **インアウト**	
25	フェイント❾ ★★ **フェイクインサイド**	
26	フェイント❿ ★★ **ロナウジーニョ**	

Check List 連続技チェックリスト

フェイント&ターンの各種目をクリアしながら、「**ターン**」「**ストップ&スタート**」「**フェイント**」を組み合わせた連続技にチャレンジしよう。順番や組み合わせは自由。オリジナルの技をつくってみよう！

	ターン	ストップ&スタート	フェイント	ターン	フェイント	Check
01						
02						
03						
04						
05						
06						
07						
08						
09						
10						

フェイント&ターン
01
難易度★☆☆☆☆

ターン❶
インサイドターン

トライした日付
- [ ] はじめて成功
- [ ] だいたい成功
- [ ] 必ず成功

ドリブルの往復。外側の足のインサイドで止め、反対方向へ方向転換。ボールを足元でコントロールする。

CHECK POINT!
180度しっかりとターンしている

成功の秘訣
足を上からカットするようにするといいよ！

外側の足のインサイドで止める　そのまま反対方向へ出る

フェイント&ターン
02
難易度★☆☆☆☆

ターン❷
アウトサイドターン

トライした日付
- [ ] はじめて成功
- [ ] だいたい成功
- [ ] 必ず成功

ドリブルの往復。内側の足のアウトサイドで止め、反対方向へ方向転換。ボールを足元でコントロールする。

CHECK POINT!
180度しっかりとターンしている

成功の秘訣
足を上からカットするようにするといいよ！

内側の足のアウトサイドで止める　そのままアウトサイドで反対方向へ出る

| ボールフィーリング | **フェイント&ターン** | ボールフィーリング 手 |

フェイント&ターン 03

ターン❸
クライフターン

難易度 ★☆☆☆☆

トライした日付
- [ ] はじめて成功
- [ ] だいたい成功
- [ ] 必ず成功

ドリブルの往復。インサイドで立ち足の後ろを通して方向転換。逆の足のアウトサイドでボールを押し出す。

CHECK POINT!
180度しっかりとターンしている

01 **02** **03**

成功の秘訣
ボールの前に踏みこむ！

外側の足で蹴るふりをして踏みこみ、インサイドで立ち足の後ろを通す

逆の足のアウトサイドで反対方向へ出る

フェイント&ターン 04

ターン❹
コンティ

難易度 ★☆☆☆☆

トライした日付
- [ ] はじめて成功
- [ ] だいたい成功
- [ ] 必ず成功

ドリブルの往復。足裏でボールを止め、身体を180度回転させ、U字型に方向転換。

CHECK POINT!
180度しっかりとターンしている

01 **02** **03**

成功の秘訣
ボールを止めたときの逆足のステップに注意！

外側の足裏で止める

身体を180度回転させてU字型に方向転換

フェイント&ターン

05

難易度★★☆☆☆

ターン❺

スラップカット

ドリブルで往復。インサイドで蹴るフェイクで、足裏でボールをこするようにタッチしつつボールをロールし、アウトサイドで止めて方向転換。

トライした日付

- ☐ はじめて成功
- ☐ だいたい成功
- ☐ 必ず成功

CHECK POINT!
180度しっかりとターンしている

成功の秘訣
ソールで転がしてアウトサイドで止める時にしっかり踏みこむ！

インサイドで蹴るフェイクで足裏でこするようにタッチしつつアウトサイドで止める

そのまま反対方向に出る

フェイント&ターン

06

難易度★★☆☆☆

ターン❻

インサイド270度ターン

インサイドターンの発展。インサイドでターンしつつ、相手からボールをシールドしながら270度回転して出る。左右とも行う。

トライした日付

- ☐ はじめて成功
- ☐ だいたい成功
- ☐ 必ず成功

CHECK POINT!
270度しっかりとターンしている

インサイドで止める

相手からボールをシールドしながら270度回転して出る

フェイント&ターン

07

難易度★★☆☆☆

ターン❼

アウトサイド270度ターン

アウトサイドターンの発展。アウトサイドでターンしつつ、相手からボールをシールドしながら270度回転して出る。左右とも行う。

トライした日付

- ☐ はじめて成功
- ☐ だいたい成功
- ☐ 必ず成功

CHECK POINT!
270度しっかりとターンしている

アウトサイドで止める

相手からボールをシールドしながら270度回転して出る

フェイント&ターン

08

難易度★★☆☆☆

ターン❽

プルプッシュビハインド

足裏で止め、ボールを引いて、インサイドで立ち足の後ろを通して方向転換。逆の足のアウトサイドでボールを押し出す。左右とも行う。

トライした日付

- ☐ はじめて成功
- ☐ だいたい成功
- ☐ 必ず成功

CHECK POINT!
180度しっかりとターンしている

成功の秘訣
ボールを引く時に、軸足でケンケンするように！

外側の足裏で止める

ボールを引いて、インサイドで立ち足の後ろを通す

逆の足のアウトサイドで出る

フェイント&ターン
09
難易度★☆☆☆☆

ストップ&スタート❶

ステップオン

足裏でボールを止めボールを跳び越し、逆の足のアウトサイドで反対方向に出る。左右とも行う。

トライした日付

- [ ] はじめて成功
- [ ] だいたい成功
- [ ] 必ず成功

CHECK POINT!
動きにメリハリをつけよう

成功の秘訣
ボールを止める時にソールの前側を使う！

外側の足裏で止め　ボールを置いて跳び越す　逆の足のアウトサイドで出る

フェイント&ターン
10
難易度★☆☆☆☆

ストップ&スタート❷

プルプッシュ

ボールを足裏で引き、そのまま同じ足で押し出し進む。
左右とも行う。

トライした日付

- [ ] はじめて成功
- [ ] だいたい成功
- [ ] 必ず成功

CHECK POINT!
動きにメリハリをつけよう

成功の秘訣
インサイドで押し出す足を横に向ける！

外側の足裏で止め　ボールを後ろへ引き　そのまま同じ足のインサイドで押し出して進む

ボールフィーリング | フェイント&ターン | ボールフィーリング 手

フェイント&ターン 11

難易度 ★☆☆☆

ストップ&スタート❸
ステップキック

- [ ] はじめて成功
- [ ] だいたい成功
- [ ] 必ず成功

トライした日付

ドリブルで進み、ボールを足裏で止めつつ、反対の足のつま先で蹴り出し進む。左右とも行う。

CHECK POINT!
動きにメリハリをつけよう

成功の秘訣　ボールを止めると同時に、軸足でケンケンするように！

01 　02 外側の足裏で止め　03 反対の足のつま先で蹴り出す　04

フェイント&ターン 12

難易度 ★★☆☆

ストップ&スタート❹
ロコモーション

- [ ] はじめて成功
- [ ] だいたい成功
- [ ] 必ず成功

トライした日付

ドリブルで進み、ボールをストップするかのようにホップして足を振り、ボールにタッチせずにそのまま最初の方向に進む。左右とも行う。

CHECK POINT!
動きにメリハリをつけよう

成功の秘訣　ひざの曲げ伸ばしを大げさに！

01　02 ボールをストップするかのようにホップして足を振る　03 そのまま進む

フェイント&ターン
13
難易度★★☆☆☆

ストップ&スタート❺
マルセイユルーレット（ジダン）

前進しながら、足裏で交互にさわりつつ360度回転する。
左右両回りとも行う。

トライした日付
☐ はじめて成功
☐ だいたい成功
☐ 必ず成功

CHECK POINT!
動きにメリハリをつけよう

成功の秘訣
ボールを１回目に止めた時に横に転がす！
足裏でボールにさわりながら360度回転する
そのまま進む

フェイント&ターン
14
難易度★★☆☆☆

ストップ&スタート❻
スピン

ドリブルで進み、インサイドで止めるようにステップを踏み、ボールにさわらずにボールを回り込み同じ方向に進む。左右とも行う。

トライした日付
☐ はじめて成功
☐ だいたい成功
☐ 必ず成功

CHECK POINT!
動きにメリハリをつけよう

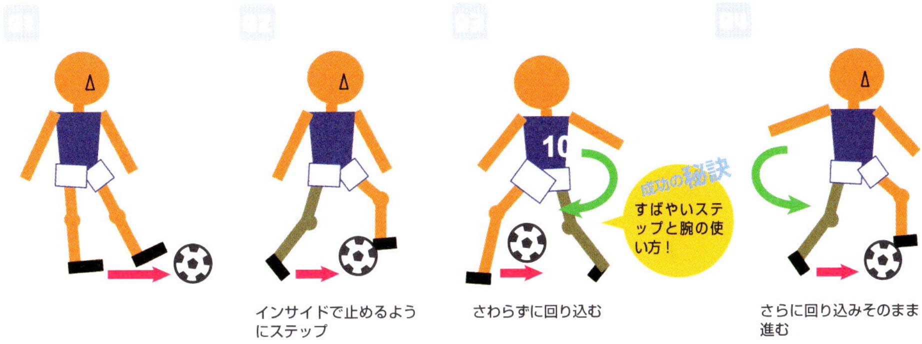

成功の秘訣
すばやいステップと腕の使い方！
インサイドで止めるようにステップ
さわらずに回り込む
さらに回り込みそのまま進む

フェイント&ターン

15

難易度★★☆☆☆

ストップ&スタート❼
フェイクインサイドターン

トライした日付

- □ はじめて成功
- □ だいたい成功
- □ 必ず成功

ドリブルで進み、インサイドターンをするふりをして腰をひねり、ボールにタッチせず、それをフェイクにしてそのまま進む。
左右とも行う。

CHECK POINT!
動きにメリハリをつけよう

インサイドで止めるように腰をひねる

さわらずにそのまま進む

フェイント&ターン

16

難易度★★☆☆☆

ストップ&スタート❽
ダブルタッチ

トライした日付

- □ はじめて成功
- □ だいたい成功
- □ 必ず成功

ドリブルで進み、インサイドターンをし、すばやく反対の足でもう一度インサイドターン。元の方向へ進む。左右とも行う。

CHECK POINT!
動きにメリハリをつけよう

成功の秘訣
1回目にボールをタッチした方のひざをボールが動く方に向ける！

インサイドタッチ

すばやく逆足でインサイドタッチ

元の方向へインサイドで進む

フェイント&ターン
17
難易度★☆☆☆☆

フェイント❶
シザース

トライした日付

- [ ] はじめて成功
- [ ] だいたい成功
- [ ] 必ず成功

相手（コーン）に向かってドリブルし、ボールを前方に動かしながらシザース（内側からまたぐ）。左右とも行う。

CHECK POINT!
大きく、なめらかに

成功の秘訣
足を一歩ずつ前に出すようにやってみよう！

内側からまたぐ　逆の足のアウトサイドで出る

フェイント&ターン
18
難易度★☆☆☆☆

フェイント❷
マシューズ

トライした日付

- [ ] はじめて成功
- [ ] だいたい成功
- [ ] 必ず成功

相手（コーン）に向かってドリブルし、外側の足を踏み込み、反対方向へ出る。左右とも行う。

CHECK POINT!
大きく、なめらかに

成功の秘訣
ボールを押し出すようにする！

外側の足で踏み込む　逆の足のアウトサイドで反対方向へ出る

フェイント&ターン
19

難易度★☆☆☆☆

フェイント❸
ステップオーバー

相手（コーン）に向かってドリブルし、ボールを前方に動かしながらステップオーバー（外側からまたぐ）。左右とも行う。

トライした日付

□ はじめて成功	
□ だいたい成功	
□ 必ず成功	

CHECK POINT!
大きく、なめらかに

01
02
03
成功の秘訣
ボールをまたいだ後の踏みかえのリズム！1・2・3！

外側からまたぐ　同じ足のアウトサイドで出る

フェイント&ターン
20

難易度★☆☆☆☆

フェイント❹
シミー

片側に出るふりをして腰をひねり、反対方向に出る。左右とも行う。

トライした日付

□ はじめて成功	
□ だいたい成功	
□ 必ず成功	

CHECK POINT!
大きく、なめらかに

01
02
03
成功の秘訣
ひざの向きをしっかり変える！

片側に出るふりをして腰をひねる　反対方向に出る

21 フェイント❺ キックフェイント

難易度 ★☆☆☆☆

トライした日付
- [ ] はじめて成功
- [ ] だいたい成功
- [ ] 必ず成功

キックフェイントして、同じ足のアウトサイドで出る。左右とも行う。

CHECK POINT!
大きく、なめらかに

成功の秘訣
踏みこんだ時に軸足から少しボールを離しておく！

キックするふりをして　　同じ足のアウトサイドで出る

---

22 フェイント❻ ステップオーバープルスルー

難易度 ★★☆☆☆

トライした日付
- [ ] はじめて成功
- [ ] だいたい成功
- [ ] 必ず成功

ステップオーバーをし、立ち足のインサイドで後ろからボールを出す。またいだ足のアウトサイドで出る。左右とも行う。

CHECK POINT!
大きく、なめらかに

成功の秘訣
インサイドで押し出すボールをまたいだ足の前に持ってくる！

外側からまたぐ　　インサイドで後ろからボールを押し出す　　またいだ足のアウトサイドで出る

フェイント&ターン
23
難易度★★☆☆☆

フェイント❼
スラップステップオーバー

トライした日付
- □ はじめて成功
- □ だいたい成功
- □ 必ず成功

CHECK POINT!
大きく、なめらかに

足裏で外から中へ転がす。逆足でステップオーバー。同じ足のアウトサイドで出る。左右とも行う。

成功の秘訣
ソールの前側を使って、ボールをなめ前に転がす！

足裏で転がす　反対の足で外側からまたぐ　またいだ足のアウトサイドで出る

フェイント&ターン
24
難易度★★☆☆☆

フェイント❽
インアウト

トライした日付
- □ はじめて成功
- □ だいたい成功
- □ 必ず成功

CHECK POINT!
大きく、なめらかに

片足のインサイドでボールを運び、ホップして（立ち足を踏みかえて）同じ足のアウトサイドに持ち替えて押し出す。左右とも行う。

インサイドで運び　ホップして同じ足のアウトサイドに持ち替える

フェイント&ターン

25

難易度★★☆☆☆

フェイント❾

フェイクインサイド

トライした日付

- [ ] はじめて成功
- [ ] だいたい成功
- [ ] 必ず成功

CHECK POINT!
大きく、なめらかに

片足のインサイドでボールを運び、ホップして同じ足のアウトサイドで出るふりをして、それをフェイクにして反対の足で反対方向へ。左右とも行う。

フェイント&ターン

26

難易度★★☆☆☆

フェイント❿

ロナウジーニョ

トライした日付

- [ ] はじめて成功
- [ ] だいたい成功
- [ ] 必ず成功

CHECK POINT!
大きく、なめらかに

片足のアウトサイドでボールを運びそのまますばやくインサイドに持ち替え反対の足のアウトサイドで出る。左右とも行う。

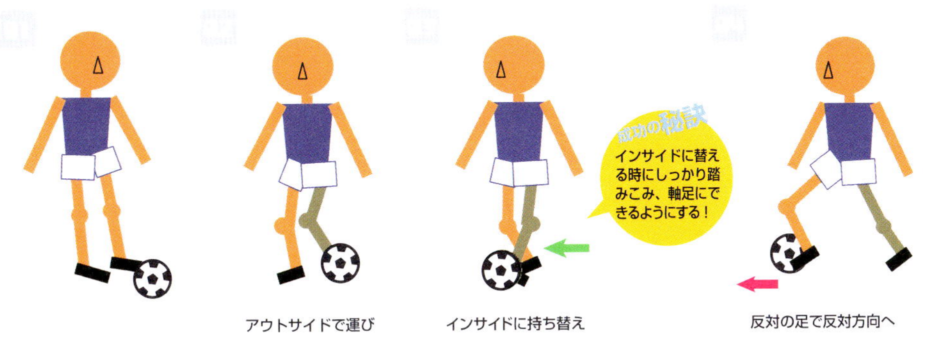

成功の秘訣
インサイドに替える時にしっかり踏みこみ、軸足にできるようにする！
アウトサイドで運び
インサイドに持ち替え
反対の足で反対方向へ

MEMO

BallFeeling -Hand

ボールフィーリング 手

ボールフィーリング 手は、「**キャッチボール**」「**ドリブル**」「**ジャグリング**」「**股下動作**」の4グループで構成されます。

種目の順番は、ステージの進行には関係ありません。全部で29種目、好きなものからチャレンジしてください。

「**キャッチボール**」は、相手（検定員または他の選手等）と2人組で、投げ、キャッチします。ここでの「**ドリブル**」は、バスケットボールのように、手でボールを地面につくものです。「**ジャグリング**」は、お手玉のように、ボールを投げ上げ落さないように扱うものです。「**股下動作**」は、足を開いて、両足の間でボールを扱うものです。

片手で行う種目については、「利き手」と「苦手（利き手ではない方の手)」の指定があります。ここの図では利き手はすべて右手にしてあります。

各種目に記されている★印は、難易度を目安として示したものです。

Stage Line up ステージの配列

ボールフィーリング 手では「**キャッチボール**」「**ドリブル**」「**ジャグリング**」「**股下動作**」の組み合わせで各ステージをクリアしていきます。

Stage 07	★ 01 キャッチボール❶　★ 15 ドリブル❶
Stage 08	★ 02 キャッチボール❷　★ 16 ドリブル❷　★ 25 股下動作❶
Stage 09	★ 03 キャッチボール❸　★ 17 ドリブル❸
Stage 10	★ 04 キャッチボール❹　★ 05 キャッチボール❺　★ 06 キャッチボール❻　★ 18 ドリブル❹
Stage 11	★ 07 キャッチボール❼　★ 19 ドリブル❺　★ 26 股下動作❷
Stage 12	★ 08 キャッチボール❽　★ 20 ドリブル❻
Stage 13	★ 27 股下動作❸
Stage 14	★★ 09-10 キャッチボール❾-❿ ★★ 21 ドリブル❼　23 ジャグリング❶　28 股下動作❹から1種目
Stage 15	★★ 11-13 キャッチボール⓫-⓭から1種目　★★ 21.23.28 の残りの種目から1種目
Stage 16	★★ 11-13 の残りの種目から1種目
Stage 17	★★ 11-13 の残りの1種目　★★ 21.23.28 の残りの1種目
Stage 18	★★★ 14 キャッチボール⓮　22 ドリブル❽　24 ジャグリング❷　29 股下動作❺から1種目
Stage 19	★★★ 14.22.24.29 の残りの種目から1種目
Stage 20	★★★ 14.22.24.29 の残りの2種目

Check List チェックリスト

ボールフィーリング 手の各種目をクリアしたらチェックしよう。
「**キャッチボール**」「**ドリブル**」「**ジャグリング**」「**股下動作**」は順番通りではなくてもOK。得意な種目からやってみよう。

No.	種目	Check
01	キャッチボール❶ ★ **両手下手投げ**	
02	キャッチボール❷ ★ **両手上手投げ（スローイン）**	
03	キャッチボール❸ ★ **チェストパス**	
04	キャッチボール❹ ★ **片手（利き手）下手投げ**	
05	キャッチボール❺ ★ **片手（利き手）上手投げ**	
06	キャッチボール❻ ★ **片手（利き手）フック投げ**	
07	キャッチボール❼ ★ **片手（苦手）下手投げ**	
08	キャッチボール❽ ★ **バウンドボール360度回転後キャッチ**	
09	キャッチボール❾ ★★ **片手（苦手）上手投げ**	
10	キャッチボール❿ ★★ **片手（苦手）フック投げ**	
11	キャッチボール⓫ ★★ **前面トス・背面キャッチ、背面トス・前面キャッチ**	
12	キャッチボール⓬ ★★ **ジャンプキャッチ 両足・片足（左右）**	
13	キャッチボール⓭ ★★ **投げ上げ360度回転後キャッチ**	
14	キャッチボール⓮ ★★★ **股下投げ上げキャッチ**	
15	ドリブル❶ ★ **片手（利き手）ドリブル**	
16	ドリブル❷ ★ **片手（利き手）移動ドリブル**	
17	ドリブル❸ ★ **片手（苦手）ドリブル**	
18	ドリブル❹ ★ **片手（苦手）移動ドリブル**	
19	ドリブル❺ ★ **左右ドリブル**	
20	ドリブル❻ ★ **左右移動ドリブル**	
21	ドリブル❼ ★★ **両手ボール2個同時ドリブル**	
22	ドリブル❽ ★★★ **ボール2個左右交互ドリブル**	
23	ジャグリング❶ ★★ **ボール2個 左回り・右回り**	
24	ジャグリング❷ ★★★ **ボール2個 交互投げ上げ**	
25	股下動作❶ ★ **空中8の字回し**	
26	股下動作❷ ★ **バウンドボール・手前後替え**	
27	股下動作❸ ★ **バウンドボール・両手前後替え**	
28	股下動作❹ ★★ **空中・手前後替え**	
29	股下動作❺ ★★★ **空中・両手前後替え**	

ボールフィーリング 手

01

難易度★☆☆☆☆

キャッチボール❶

両手下手投げ

両手で下から投げる。連続10往復

	トライした日付
□ はじめて成功	
□ だいたい成功	
□ 必ず成功	

CHECK POINT!
ボールをよく見て正確に

ボールフィーリング 手

02

難易度★☆☆☆☆

キャッチボール❷

両手上手投げ（スローイン）

両手で上から投げる。スローインを意識して投げる。
連続10往復

	トライした日付
□ はじめて成功	
□ だいたい成功	
□ 必ず成功	

CHECK POINT!
ボールをよく見て正確に

ボールフィーリング 手

03 キャッチボール❸

チェストパス

難易度★☆☆☆☆

チェストパス。腕はしっかり伸ばす。連続10往復

	トライした日付
□ はじめて成功	
□ だいたい成功	
□ 必ず成功	

CHECK POINT!
ボールをよく見て正確に

ボールフィーリング 手

04 キャッチボール❹

片手（利き手）下手投げ

難易度★☆☆☆☆

片手（利き手）で下から投げる。連続10往復

	トライした日付
□ はじめて成功	
□ だいたい成功	
□ 必ず成功	

CHECK POINT!
ボールをよく見て正確に

※図では利き手はすべて右手にしてあります。

ボールフィーリング 手
05
難易度★☆☆☆☆

キャッチボール❺

片手（利き手）上手投げ

片手（利き手）で上から投げる。連続10往復

トライした日付

□ はじめて成功	
□ だいたい成功	
□ 必ず成功	

CHECK POINT!
ボールをよく見て正確に

ボールフィーリング 手
06
難易度★☆☆☆☆

キャッチボール❻

片手（利き手）フック投げ

片手で肘を伸ばしたまま投げる。連続10往復

トライした日付

□ はじめて成功	
□ だいたい成功	
□ 必ず成功	

CHECK POINT!
ボールをよく見て正確に

ボールフィーリング 手

07

難易度★☆☆☆☆

キャッチボール❼

片手（苦手）下手投げ

片手（苦手）で下から投げる。連続10往復

トライした日付

- ☐ はじめて成功
- ☐ だいたい成功
- ☐ 必ず成功

CHECK POINT!
ボールをよく見て正確に

ボールフィーリング 手

08

難易度★☆☆☆☆

キャッチボール❽

バウンドボール360度回転後キャッチ（左回り・右回り）

バウンドさせたボールを360度回転してからキャッチ。
左回り・右回り両方行う。

トライした日付

- ☐ はじめて成功
- ☐ だいたい成功
- ☐ 必ず成功

CHECK POINT!
ボールをよく見て正確に

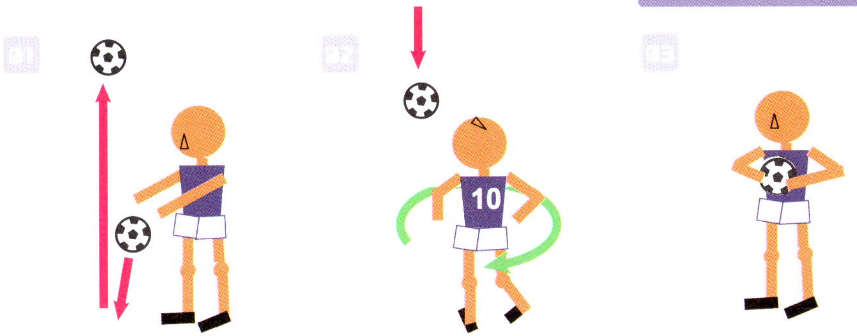

ボールをバウンドさせる　バウンドしている間に360度回転する　すばやくキャッチ

※図では利き手はすべて右手にしてあります。

ボールフィーリング 手

09

難易度★★☆☆☆

キャッチボール❾

片手（苦手）上手投げ

片手（苦手）で上から投げる。連続10往復

	トライした日付
□ はじめて成功	
□ だいたい成功	
□ 必ず成功	

CHECK POINT!
ボールをよく見て正確に

ボールフィーリング 手

10

難易度★★☆☆☆

キャッチボール❿

片手（苦手）フック投げ

片手（苦手）で肘を伸ばしたまま投げる。連続10往復

	トライした日付
□ はじめて成功	
□ だいたい成功	
□ 必ず成功	

CHECK POINT!
ボールをよく見て正確に

ボールフィーリング 手

11

難易度★★☆☆☆

キャッチボール⑪

前面トス・背面キャッチ 背面トス・前面キャッチ

前面からトスを上げて、背面でキャッチ。続けて背面からトスを上げて、前面でキャッチ。続けて行う。

	トライした日付
□ はじめて成功	
□ だいたい成功	
□ 必ず成功	

CHECK POINT!
ボールをよく見て正確に

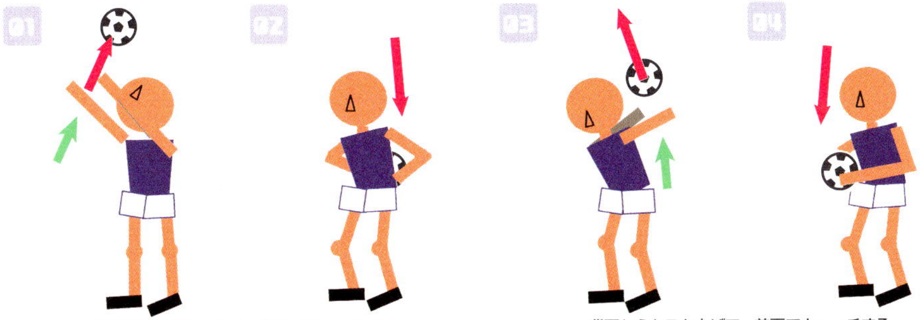

前面からトスを上げて、背面でキャッチする

背面からトスを上げて、前面でキャッチする

ボールフィーリング 手

12

難易度★★☆☆☆

キャッチボール⑫

ジャンプキャッチ 両足・片足（左右）

トスを高く上げて、両足でジャンプしてキャッチ。続けて片足ジャンプ。左右両方行う。

	トライした日付
□ はじめて成功	
□ だいたい成功	
□ 必ず成功	

CHECK POINT!
ボールをよく見て正確に

高くトスを上げる

両足ジャンプ

片足ジャンプ

※図では利き手はすべて右手にしてあります。

ボールフィーリング 手

13

難易度★★☆☆☆

キャッチボール⑬
投げ上げ360度回転後キャッチ（左回り・右回り）

トスを高く上げて、360度回転してからキャッチ。
左回り・右回り両方行う。

	トライした日付
□ はじめて成功	
□ だいたい成功	
□ 必ず成功	

CHECK POINT!
ボールをよく見て正確に

01

高くトスを上げる

02

ボールが落ちてくるまでに360度回転する

03

すばやくキャッチ

ボールフィーリング 手

14

難易度★★★☆☆

キャッチボール⑭
股下投げ上げキャッチ

股下からボールを投げ上げ、前面でキャッチ。
身体の向きを変えずにその場でパーフェクトにキャッチできたら合格。

	トライした日付
□ はじめて成功	
□ だいたい成功	
□ 必ず成功	

CHECK POINT!
足を動かさずその場でキャッチ

01

股下から高くトスを上げる

02

足を動かさずその場でキャッチ

ボールフィーリング 手

15

難易度★☆☆☆☆

ドリブル❶

片手（利き手）ドリブル 20回

その場で片手（利き手）ドリブル。20回

	トライした日付
□ はじめて成功	
□ だいたい成功	
□ 必ず成功	

CHECK POINT!
同じ高さ、同じリズムでドリブルする

ボールフィーリング 手

16

難易度★☆☆☆☆

ドリブル❷

片手（利き手）移動ドリブル

10m程度移動しながら片手（利き手）ドリブル。

	トライした日付
□ はじめて成功	
□ だいたい成功	
□ 必ず成功	

CHECK POINT!
同じ高さ、同じリズムでドリブルする

※図では利き手はすべて右手にしてあります。

ボールフィーリング 手

17

難易度★☆☆☆☆

ドリブル❸

片手（苦手）ドリブル 20回

その場で片手（苦手）ドリブル。20回

トライした日付

- □ はじめて成功
- □ だいたい成功
- □ 必ず成功

CHECK POINT!
同じ高さ、同じリズムでドリブルする

ボールフィーリング 手

18

難易度★☆☆☆☆

ドリブル❹

片手（苦手）移動ドリブル

10m程度移動しながら片手（苦手）ドリブル。

トライした日付

- □ はじめて成功
- □ だいたい成功
- □ 必ず成功

CHECK POINT!
同じ高さ、同じリズムでドリブルする

ボールフィーリング 手

19

難易度★☆☆☆☆

ドリブル❺

左右ドリブル 合計20回

	トライした日付
□ はじめて成功	
□ だいたい成功	
□ 必ず成功	

その場で左右交互にドリブル。20回

CHECK POINT!
同じ高さ、同じリズムでドリブルする

その場で左右交互に連続してドリブルする

ボールフィーリング 手

20

難易度★☆☆☆☆

ドリブル❻

左右移動ドリブル

	トライした日付
□ はじめて成功	
□ だいたい成功	
□ 必ず成功	

10m程度移動しながら左右交互にドリブル。

CHECK POINT!
同じ高さ、同じリズムでドリブルする

移動しながら左右交互に連続してドリブルする

※図では利き手はすべて右手にしてあります。

ボールフィーリング 手

21

難易度★★☆☆☆

ドリブル❼

両手ボール2個同時ドリブル 10回

ボールを2個使って両手で同時にドリブル。
10回連続してできたら合格。

	トライした日付
□ はじめて成功	
□ だいたい成功	
□ 必ず成功	

CHECK POINT!
同じ高さ、同じリズムでドリブルする

ボールフィーリング 手

22

難易度★★★☆☆

ドリブル❽

ボール2個左右交互ドリブル 10回

ボールを2個使って両手で左右交互にドリブル。
10回連続してできたら合格。

	トライした日付
□ はじめて成功	
□ だいたい成功	
□ 必ず成功	

CHECK POINT!
同じ高さ、同じリズムでドリブルする

ボールフィーリング 手

23

難易度★★☆☆☆

ジャグリング❶

ボール2個（左回り・右回り）5回

ボール2個を両手を使って回す。
左回り・右回り、それぞれ5回連続してできたら合格。

	トライした日付
□ はじめて成功	
□ だいたい成功	
□ 必ず成功	

CHECK POINT!
ボールをよく見て正確に

両手にボールを持ち、1個ずつ回していく。左回り・右回り両方行う

ボールフィーリング 手

24

難易度★★★☆☆

ジャグリング❷

ボール2個 交互投げ上げ 10回

ボールを2個使って交互に投げ上げてキャッチする。
10回連続してできたら合格。

	トライした日付
□ はじめて成功	
□ だいたい成功	
□ 必ず成功	

CHECK POINT!
ボールをよく見て正確に

両手にボールを持ち、片方投げ上げてキャッチする間にもう片方を投げ上げる。連続して行う

※図では利き手はすべて右手にしてあります。

ボールフィーリング 手

25

難易度★☆☆☆☆

股下動作❶

空中8の字回し10回（左回り・右回り）

股の間を8の字を描くようにボールを回す。左右10回ずつ

トライした日付	
はじめて成功	
だいたい成功	
必ず成功	

CHECK POINT!
慣れてきたらスピードを上げてみよう！

01

ボールを股の前から通して右足の外側から前へ戻す

02

次に左足の外側から前へ戻す。左右連続して8の字を描くようにボールを回す

ボールフィーリング 手

26

難易度★☆☆☆☆

股下動作❷

バウンドボール・手前後替え6回

バウンドさせたボールを前後の手を入れ替えてキャッチする。連続6回

トライした日付	
はじめて成功	
だいたい成功	
必ず成功	

CHECK POINT!
慣れてきたらスピードを上げてみよう！

01

左手を足の後ろに通した状態でボールを持ちバウンドさせる

02

右手と左手の前後を入れ替えてボールをキャッチする

ボールフィーリング 手

27

難易度★☆☆☆☆

股下動作❸

バウンドボール・両手前後替え6回

バウンドさせたボールを両手とも前後を入れ替えてキャッチする。連続6回

トライした日付

- ☐ はじめて成功
- ☐ だいたい成功
- ☐ 必ず成功

CHECK POINT!
慣れてきたらスピードを上げてみよう！

01

両手を前にした状態でボールを持ちバウンドさせる

02

両手を足の後ろに入れ替えてボールをキャッチする

ボールフィーリング 手

28

難易度★★☆☆☆

股下動作❹

空中・手前後替え6回

手で持ったボールを前後の手を入れ替えて、地面に着かない内にキャッチする。連続6回

トライした日付

- ☐ はじめて成功
- ☐ だいたい成功
- ☐ 必ず成功

CHECK POINT!
慣れてきたらスピードを上げてみよう！

01

左手を足の後ろに通した状態でボールを持つ

02

右手と左手の前後を入れ替えてボールをキャッチする

※図では利き手はすべて右手にしてあります。

ボールフィーリング 手

29

難易度★★★☆☆

股下動作❺

空中・両手前後替え6回

手で持ったボールを両手とも前後を入れ替えて、地面に着かない内にキャッチする。連続6回

トライした日付

- [ ] はじめて成功
- [ ] だいたい成功
- [ ] 必ず成功

CHECK POINT!
慣れてきたらスピードを上げてみよう！

01

両手を前にした状態でボールを持つ

02

両手を足の後ろに入れ替えてボールをキャッチする

MEMO

チャレンジの記録

検定会へのチャレンジや各ステージに合格した記録をつけておこう。

Stage	検定の記録（日時・場所）	合格	Memo	バッジのカテゴリー
Stage 07	／ ／ ／ ／	□		DREAM
Stage 08	／ ／ ／ ／	□		DREAM
Stage 09	／ ／ ／ ／	□		
Stage 10	／ ／ ／ ／	□		DREAM
Stage 11	／ ／ ／ ／	□		
Stage 12	／ ／ ／ ／	□		DREAM
Stage 13	／ ／ ／ ／	□		
Stage 14	／ ／ ／ ／	□		DREAM
Stage 15	／ ／ ／ ／	□		
Stage 16	／ ／ ／ ／	□		DREAM
Stage 17	／ ／ ／ ／	□		
Stage 18	／ ／ ／ ／	□		DREAM
Stage 19	／ ／ ／ ／	□		
Stage 20	／ ／ ／ ／	□		

JFAチャレンジゲーム
めざせファンタジスタ!

2007年10月12日　第1版第 1 刷発行
2021年 7月30日　第1版第15刷発行

発行／編集　公益財団法人 日本サッカー協会　技術委員会
〒113-8311 東京都文京区本郷3-10-15 JFAハウス
TEL：050-2018-1990（代表）

発　　売　株式会社 ベースボール・マガジン社
〒103-8482 東京都中央区日本橋浜町2-61-9 TIE 浜町ビル
TEL：03-5643-3930(販売部)
振替口座　00180－6－46620
https://www.bbm-japan.com/

印刷／製本　大日本印刷株式会社

制作協力　JFAアカデミー福島
福島県広野町・JFAアカデミー福島広野町サッカーグラウンド
サンフレッチェ広島
フットサルドームPIVOX HIROSHIMA
アサヒビジネス株式会社

編集協力
デザイン　有限会社 ピーチアンドダムズン

DVD編集　株式会社 東海ビデオシステム
イグナイテッドメディア
仲島 尚

DVDプレス　株式会社メディアスタイリスト

Printed in Japan
ISBN978－4－583－10043－2　C2075